Jagd nach dem

GOLD

Für Jill
M.H.

Für meinen Sohn Richard
S.B.

Mit großem Dank an
Professor Martin Millet
Dr. Richard Parkinson
Dr. Joanna Story

Jagd nach dem
GOLD

Illustrationen von
Stephen Biesty

Text von
Meredith Hooper

Gerstenberg Verlag

In den Weiten des Weltraums explodieren gewaltige Sterne mit einem leuchtenden Blitz. Die äußeren Schichten des Sterns werden durch die unglaubliche Kraft der Explosion davongeschleudert. Sie schießen aus der Galaxie hinaus und führen neue Elemente mit sich, die bei der Explosion entstanden sind.

Im Zentrum einer gewaltigen Wolke aus Steinen und schmutzigen Schneeflocken, aus Wasserstoff und Helium entzünden sich Gase und ein neuer Stern entsteht. Staub und Gesteinsbrocken, die um den neuen Stern kreisen, verklumpen. Aus einigen dieser Klumpen werden große massive Kugeln. Sie sind Planeten. Einer von ihnen ist unser Planet, die Erde.

In der Erdkruste sind winzige Mengen eines hell glänzenden Metalls verborgen. Das Metall ist weich, aber widerstandsfähig. Es rostet und zerfällt nicht. Und es bleibt immer glänzend.

Das Metall stammt von Sternen, die im Weltraum explodierten.
Es ist Gold.

Tief unter der Erde schimmert Gold in feinen Adern. Manchmal wird Gestein, das Gold enthält, an die Oberfläche gedrückt und verwittert langsam durch Hitze und Kälte. Aus diesen Adern fallen Goldstücke wie Erbsen aus einer Schote. Sie können so dick wie Käfer oder so dünn wie Draht sein.
Stürme wehen die Goldstückchen in die Flüsse. Sie versinken im Wasser und sammeln sich im Flussbett an.

Jenseits der Grenzen Ägyptens, weit draußen in der unwirtlichen Wüste, suchen schwitzende Männer nach Gold. Sie sieben den Kies in den ausgetrockneten Flussbetten durch und suchen auch in den Spalten von Felsbrocken nach Goldklümpchen.
Das Gold wird in kleine Leinenbeutel gepackt und auf abenteuerlichen Pfaden nach Ägypten gebracht, zum Palast von König Mencheperre.

Ein Goldschmied schmilzt das Gold ein und formt daraus ein glattes, schimmerndes Porträt des Königs, eine fein gearbeitete, wunderschöne Mumienmaske. Plättchen aus Quarz und Obsidian verleihen den Augen einen lebhaften, eindringlichen Ausdruck.

Die Maske wird nach dem Tod des Königs auf seine Mumie gelegt, sodass sein Aussehen für das Leben im Jenseits erhalten bleibt. Der Goldschmied ritzt in die Innenseite der Maske einen Zauberspruch, der Mencheperre vor den Gefahren der Unterwelt schützen soll.

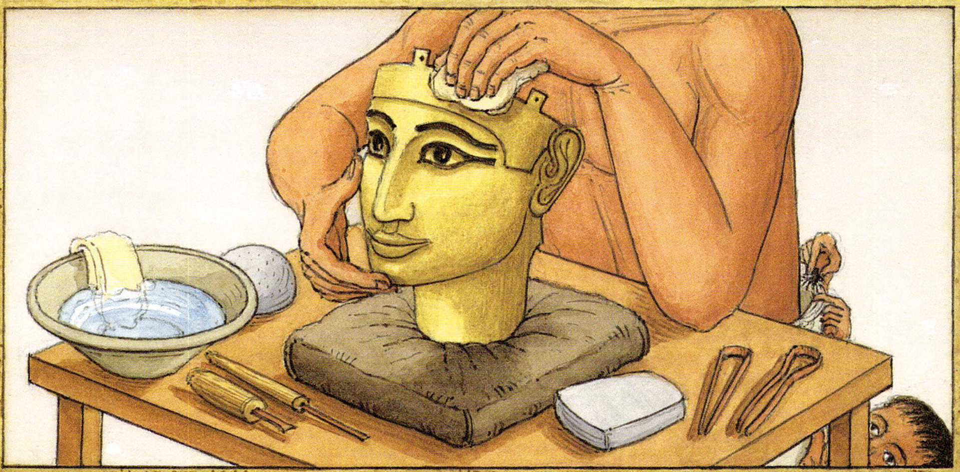

Der König ist tot. Sein einbalsamierter Körper wird in einen Sarg aus Zedernholz gelegt. Die Priester setzen der Mumie die goldene Maske auf. Sie ist nun sehr schwer, denn sie hat zusätzlich einen Kopfputz, einen Kragen und einen Bart erhalten. Der Sarg kommt in einen zweiten Sarg und dieser in einen dritten.

Die lange Prozession zieht durch das staubige Tal zu den Königsgräbern, die tief in die Felsen hineingegraben wurden. Der Eingang hoch oben in einem schmalen Felsspalt liegt im Schatten verborgen.

Die Priester tragen Mencheperre in seinen Särgen durch einen engen Korridor, der steil nach unten führt. Über Treppen und Gänge, die sich durch den Fels winden, steigen sie mit dem Sarg immer tiefer in die Finsternis hinab.

Sie schreiten durch die von Säulen gestützte Vorkammer in den abgelegensten, am tiefsten liegenden Raum. Das ist die Grabkammer.
Die Särge kommen in einen Sarkophag aus Stein. Nachdem sich der schwere Deckel darüber gesenkt hat, ist die königliche Mumie luftdicht versiegelt.
Die letzten Bilder und Geschichten werden auf die mit Gips verputzten Wände aufgemalt. Die letzte Fackel verlöscht allmählich. Die Priester versperren die Eingänge mit Steinblöcken und füllen die äußeren Gänge mit Geröll.

Mencheperre soll bis in alle Ewigkeit in seinem königlichen Grab ruhen.

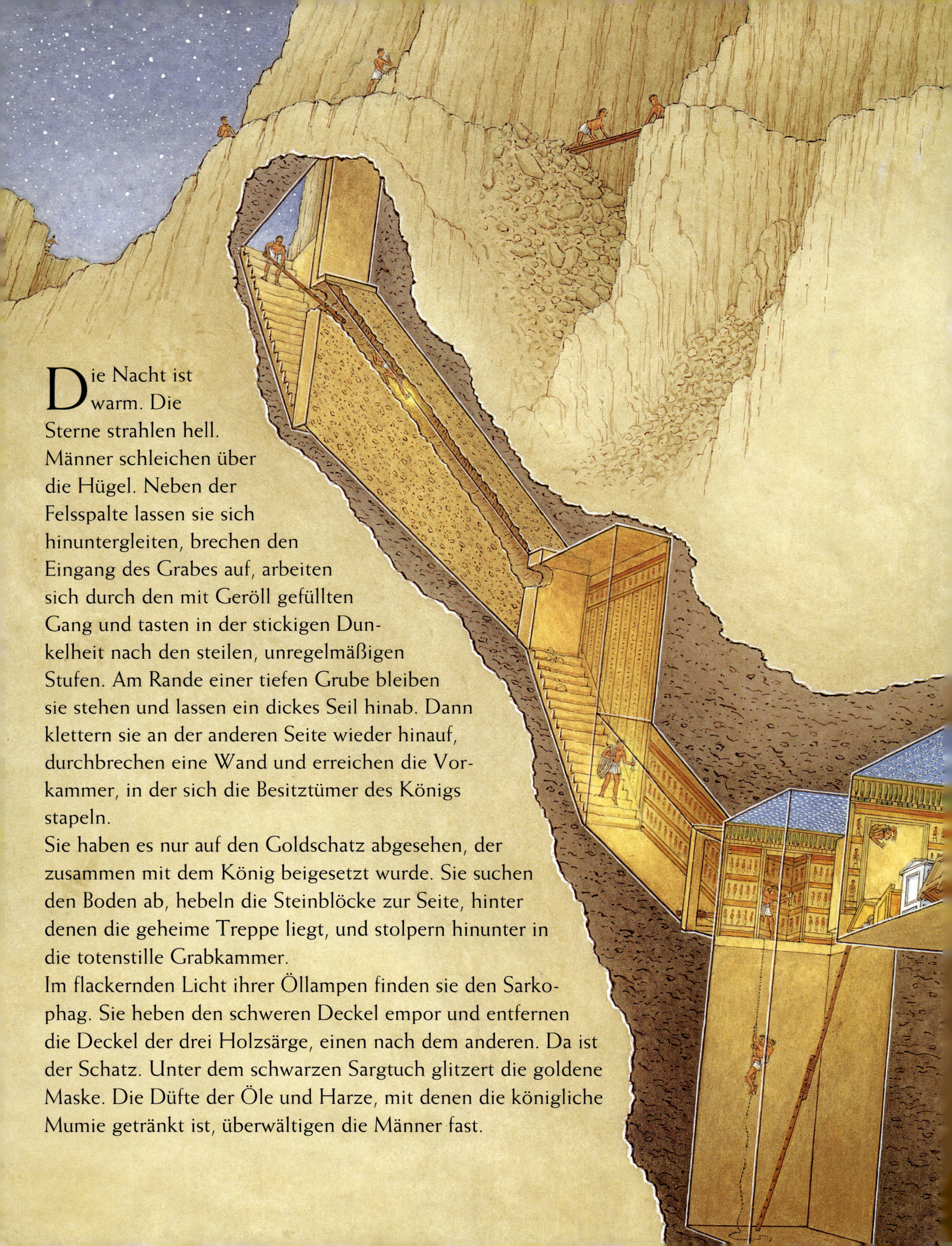

Die Nacht ist warm. Die Sterne strahlen hell. Männer schleichen über die Hügel. Neben der Felsspalte lassen sie sich hinuntergleiten, brechen den Eingang des Grabes auf, arbeiten sich durch den mit Geröll gefüllten Gang und tasten in der stickigen Dunkelheit nach den steilen, unregelmäßigen Stufen. Am Rande einer tiefen Grube bleiben sie stehen und lassen ein dickes Seil hinab. Dann klettern sie an der anderen Seite wieder hinauf, durchbrechen eine Wand und erreichen die Vorkammer, in der sich die Besitztümer des Königs stapeln.

Sie haben es nur auf den Goldschatz abgesehen, der zusammen mit dem König beigesetzt wurde. Sie suchen den Boden ab, hebeln die Steinblöcke zur Seite, hinter denen die geheime Treppe liegt, und stolpern hinunter in die totenstille Grabkammer.

Im flackernden Licht ihrer Öllampen finden sie den Sarkophag. Sie heben den schweren Deckel empor und entfernen die Deckel der drei Holzsärge, einen nach dem anderen. Da ist der Schatz. Unter dem schwarzen Sargtuch glitzert die goldene Maske. Die Düfte der Öle und Harze, mit denen die königliche Mumie getränkt ist, überwältigen die Männer fast.

Sie reißen die Maske herunter und brechen sie in Stücke. So ist sie leichter zu tragen.
Plötzlich hören sie die Rufe ihrer Komplizen, die in den Korridoren und auf den Felsen Wache stehen. Das Echo ihrer Warnschreie hallt schaurig in den Gängen. Auf Grabraub stehen schwere Strafen.
Sie fliehen und lassen in der Eile alles fallen – alles außer der goldenen Maske. Sie sind Grabräuber und haben das Grab des Königs entweiht.
Die Maske muss schnell in etwas anderes umgearbeitet werden. Die Räuber verkaufen das Gold. Aus ihm wird ein eleganter Kelch in Form eines Lotus gefertigt, den ein König und eine Königin einem Tempel schenken. Jahrelang benutzen ihn die Priester während der Tempelzeremonie.

Der römische Kaiser Nero ist jung. Und außerordentlich reich. Für seinen neuen Palast will er die schönsten und kostbarsten Dinge der Welt haben.

Im fernen Ägypten kommen Neros Soldaten zu einem großen Tempel. Sie fordern Schätze ein. Langsam und widerwillig gehen die Priester zur Rückseite des Tempels, wo in der dicken Wand Nischen verborgen sind. Die Priester öffnen eine Tür. Sie nehmen den Lotuskelch, der über tausend Jahre lang im Tempel benutzt wurde, heraus und überreichen ihn den Soldaten.

Nero verwandelt die Stadt Rom in eine künstliche Parklandschaft. Von den Fenstern seines Palastes aus kann er wilde Tiere beobachten, die durch Wälder laufen, und Vögel, die über einen künstlichen See fliegen. Nero lädt zu einem prunkvollen Festmahl ein. Seine Gäste essen aus den goldenen Gefäßen seines zusammengestohlenen Schatzes.

Nero wird von seinen Gegnern entmachtet. Sein Palast wird geplündert; die Juwelen, die herrlichen Statuen und die goldenen Schätze werden geraubt. In den kunstvoll bemalten Zimmern liegt nur noch Schutt.
Auf der großen Wiese, auf der sich einst Neros See befand, bauen neue Kaiser das gewaltige Kolosseum, ein Amphitheater für das römische Volk. Hundert Tage lang dauert das aufwändige Eröffnungsfest. Wilde Tiere werden durch die Arena gejagt. Sie verbergen sich zwischen eigens angelegten Baumgruppen und Hügeln.

Die Menschenmassen auf den Rängen brüllen und schreien. Seeleute bedienen ein riesiges Sonnendach, das das Publikum vor der Sonne schützt.

Im Laufe der Feierlichkeiten überhäuft der Kaiser seine Getreuen mit Geschenken. Cornelius Fuscus, der Oberbefehlshaber der kaiserlichen Leibwache, erhält den ägyptischen Lotuskelch. Cornelius trinkt aus dem goldenen Gefäß einen großen Schluck Wein und verspricht dem Kaiser, dass er dieses Geschenk überallhin mitnehmen wird. Seinem Sklaven Fabrius befiehlt er den goldenen Kelch in einer stabilen Reisetruhe zu verstauen.

Cornelius Fuscus wird zum Anführer einer Expeditionsarmee ernannt. Er marschiert mit seinen Soldaten zunächst nach Norden und dann nach Osten. Er lässt die Grenze des Römischen Reiches hinter sich und überquert die Donau.

Die römische Armee wagt sich in das Land der kriegerischen Daker. Die Daker greifen ohne Vorwarnung an. Cornelius Fuscus wird getötet. Decebalus, der König der Daker, überfällt die Nachhut mit dem Gepäck. Seine Krieger schleudern Speere und kämpfen mit langen, gebogenen Schwertern.
Sie morden. Sie siegen. Sie plündern.
Die Römer sind geschlagen.

Dem Sklaven Fabrius gelingt es, die Reisetruhe seines Herrn aufzubrechen und den goldenen Kelch an sich zu nehmen. Er entflieht dem Schlachtfeld, dem Geschrei und Durcheinander, dem Blutvergießen und Entsetzen. Er schmiert sich Schlamm ins Gesicht und ins Haar und zerreißt seine Kleider, damit ihn niemand erkennt. Fabrius läuft am Ufer des großen Flusses entlang. Er hat Hunger und Angst.

Bald schon wird ihm sein goldener Schatz gestohlen. Er geht von Diebeshand zu Diebeshand. Westlich des Landes der Daker ergreift der König eines Reitervolks Besitz von der fremdartigen Kostbarkeit. Zusammen mit anderen Goldschätzen schließt er sie in seiner Schatzkammer ein. Die Schätze aus Gold sind der Beweis königlicher Macht und Stärke. Sie gehen von Generation zu Generation, vom Vater auf den Sohn über.

Die Armeen Karls des Großen fallen in den Osten Europas ein. Sie erobern, sie brennen nieder und plündern, sie nehmen Menschen gefangen und machen sie zu Sklaven.
Die Soldaten Karls des Großen dringen auch in den Palast der Könige des Reitervolks vor. Sie brechen die Schatzkammer auf und staunen über die gewaltigen Mengen von glänzendem Gold und Silber, sagenhaften Juwelen und schimmernder Seide.
Der Schatz wird auf fünfzehn schwere Holzkarren geladen; vor jeden Karren sind vier Ochsen gespannt. Die Ochsen ziehen die kostbare Last durch Bergwälder und über grüne Wiesen zur Residenz Karls des Großen. Kurz nachdem sie einen Fluss überquert haben, rollt einer der Karren über einen Felsbrocken. Es gibt einen heftigen Ruck, und Schüsseln und Kelche fallen heraus.

Niemand bemerkt den Lotuskelch, der halb verdeckt im Laub liegt. Ein wunderschöner, schlanker Kelch, der vor unendlich langer Zeit in Ägypten aus gestohlenem Gold gefertigt wurde. Jetzt dient er einer Maus als Versteck und Spinnen weben ihn mit ihren Netzen ein.

In der Fahrspur der Ochsenkarren treiben junge Bäume aus. Ihre Stämme wachsen immer höher und werden kräftiger. Im Herbst streifen Schweine auf der Suche nach Bucheckern durch den Wald. Im Winter laufen Wölfe über den Schnee, unter dem der Kelch verborgen liegt.

Der Wald breitet sich immer weiter aus. Bäume werden alt, verrotten und stürzen um. Junge Bäume nehmen ihren Platz ein.
Holzfäller ziehen auf der Suche nach dicken, geraden Stämmen durch den Wald. Sie brauchen Holz für die Burg, die oberhalb des Flusses erbaut wird.
Weitere Bäume werden gefällt, um Äcker anzulegen. Nun ist die braune Erde schutzlos dem bitteren Frost und der sengenden Sonne ausgesetzt.

Eines Frühjahrs bemerkt ein Bauer beim Pflügen etwas Glänzendes, das zwischen den Erdschollen liegt. Er bückt sich, hebt es auf, schüttelt die lose Erde herunter, spuckt drauf und reibt mit dem Ärmel darüber. Es ist ein seltsam geformter, zerbeulter Kelch ohne Fuß. Er ist sehr schwer. So schwer wie Gold. Der Bauer hat einen vergrabenen Schatz gefunden!

Der Burgherr erfährt alles, was auf seinen Ländereien passiert. Er beauftragt seinen Verwalter den Kelch zu holen.
Der Verwalter steigt die Turmtreppe zur Schatzkammer empor. Hier, in einer Nische in der Wand, steht die Schatztruhe des Burgherrn. Er schließt die schmiede-eiserne Gittertür auf. Seinem Herrn ist es gleichgültig, was der zerbeulte Kelch ist oder gewesen sein könnte. Er ist aus Gold. Alleine darauf kommt es an.

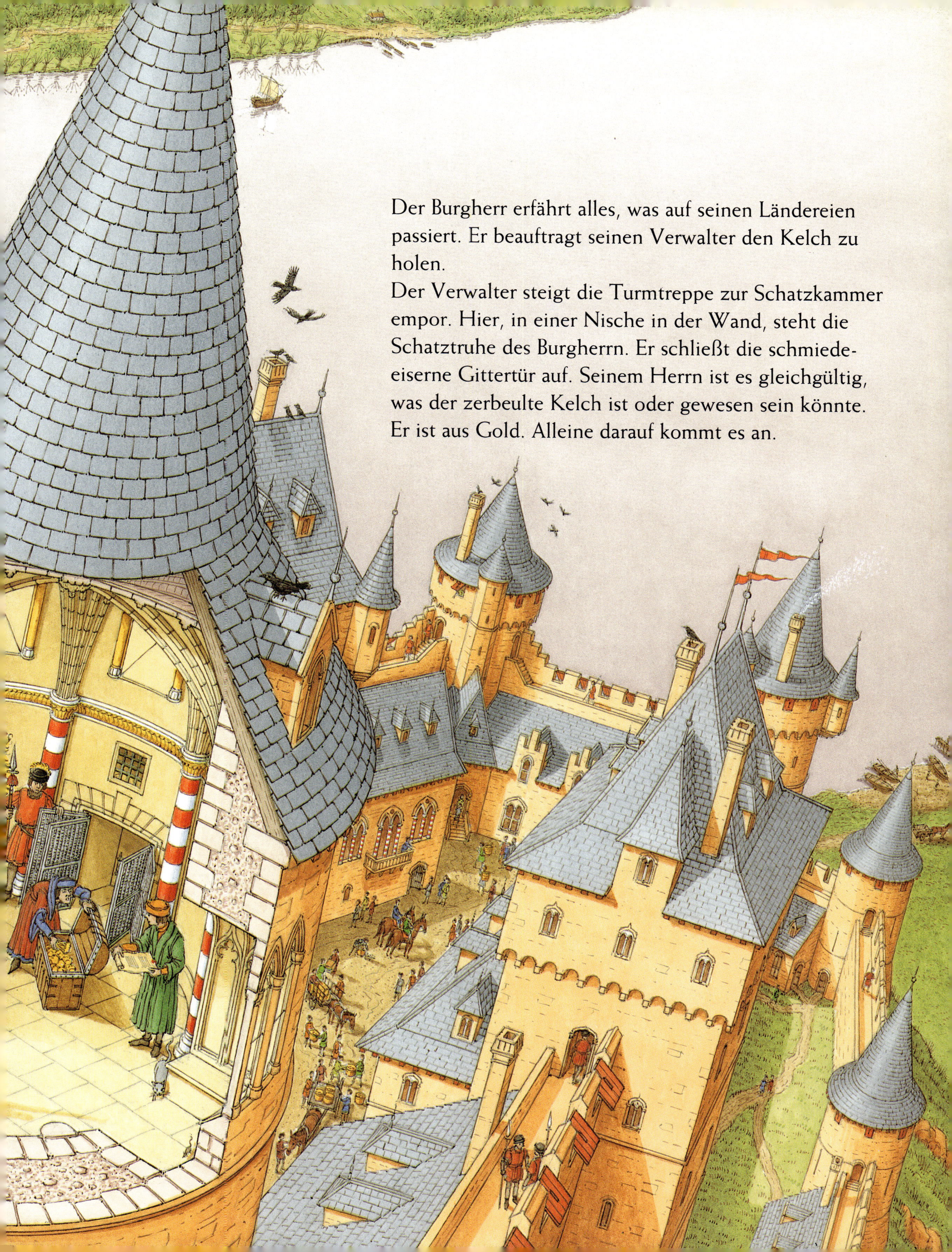

Der Burgherr lässt einen Goldschmied kommen. Er braucht Geschenke für seine jüngste Tochter Rosamunde. Sie ist vierzehn Jahre alt und wird einen Herzog heiraten, der auf einer fernen Burg lebt.
Der zerbeulte Kelch wird eingeschmolzen. Er hat Priestern und Kaisern gehört, Soldaten und Königen. Fast siebenhundert Jahre lang hat er in der feuchten Erde gelegen. Jetzt ist er in eine elegante Schatulle verwandelt worden. Und in einen Ring für Rosamundes Finger, verziert mit Blätterranken und einem blauen Saphir. Innen sind die Worte „Denk an mich" eingraviert.

Rosamundes Vermählung wird mit einem großen Fest gefeiert. Beim Bankett werden Schiffe und Schlösser aus Zucker aufgetragen und aus einer Pastete fliegen Vögel heraus. Im Burghof findet ein Turnier statt, bei dem Ritter in glänzenden Rüstungen kämpfen.

Vom Kelch bleibt ein kleiner Teil übrig. Beim Sturz aus dem Ochsenkarren verbog der Kelch, und später, als er tief unter der Erde lag, brach der Fuß ab. Er liegt immer noch in der Erde verborgen.

Der Goldschmied behält die feinen Goldspäne und Krümel, die bei der Fertigung der Schatulle und des Ringes übrig geblieben sind. Das ist sein Recht. Er verkauft sie an einen Künstler, der in der Stadt Brügge lebt.
Gerard, der Künstler, zerreibt das Gold zu feinem Staub. Diesen vermischt er mit einer Flüssigkeit, die er durch das Einkochen von Tierhäuten gewonnen hat. Vorsichtig gießt er die Mischung in ein Fläschchen. Dann zieht er seine Arbeitskleidung aus Seide an und setzt eine Kappe auf, weil kein Staub und keine Haare auf seine Miniaturen fallen dürfen.

Ein Stück feines Pergament ist auf seinem Arbeitstisch aufgespannt: die Seiten eines kleinen Buches. Gerard taucht den Pinsel in das Fläschchen mit der Goldfarbe ein und verziert damit das Bildnis einer Dame und ihres Ehegatten. Er tupft Gold auf ihren Schmuck und auf ihre Kleider. Seine wohlhabenden Kunden schätzen es sehr, wenn ihre Bücher golden glänzen.
Gerard schaut aus dem Fenster und sieht Kinder auf einem zugefrorenen Kanal spielen. Derweil trocknet das Gold auf der Seite des kostbaren Stundenbuches ein.

Königin Elisabeth von England schenkt dem Gesandten Adolphus nicht genügend Aufmerksamkeit. Adolphus wetteifert mit elf anderen ausländischen Gesandten, die alle die Königin dazu überreden wollen, ihren jeweiligen Herrn zu heiraten. Elisabeth scherzt und neckt und lässt sie alle warten.
Nun ist die gesamte Gesellschaft im Schloss eines englischen Grafen zu Gast. Die Königin wird mit Musik, Banketten, Tänzen und Jagden unterhalten. Auch der Graf möchte sie gerne heiraten.
Doch der Gesandte Adolphus hat einen Plan. Katherine, die Ehrenjungfer der Königin, hat versprochen mit der Königin über seinen Herrn, den Herzog, zu sprechen. Wie gut aussehend und groß er ist, wie sehr er die Jagd liebt und was für ein guter Ehemann er sein wird!

Adolphus sieht eine Truhe voller Geschenke durch, die er aus der Schatzkammer seines Herrn mitgebracht hat. Er wählt eine elegante Goldschatulle aus und geht damit zu Katherine. Katherine öffnet die Schatulle. Darin ist ein goldener Ring, verziert mit Blätterranken und einem blauen Saphir. Katherine sieht ihn sich genauer an. „Denk an mich", liest sie und lächelt. Der Gesandte Adolphus schöpft neue Hoffnung. Bestimmt wird die Königin heute Abend von Katherine hören, wie vortrefflich sein Herr ist.

Katherine steckt den Ring auf ihren Finger.
Ihren Bruder bittet sie die Schatulle für sie zu verwahren. Doch ehe er sich versieht, wird sie ihm gestohlen. In Londons überfüllten Straßen, in denen es von Dieben nur so wimmelt, wechselt die goldene Schatulle mehrmals den Besitzer.
Die Wellen der Themse brechen sich an den Pfeilern der London Bridge. Durch die schmalen Straßen zwischen den Häusern auf der Brücke fahren laut rumpelnd die Karren. Ein Mann schlüpft durch eine Tür in die Werkstatt eines Goldschmieds. Wenige Minuten später schmilzt die Schatulle, die einst Rosamunde gehörte, in der Hitze des Ofens. Das Beweisstück, das den Dieb hätte überführen können, wird zu schimmerndem flüssigen Gold.
In einem geheimen Raum am Ende einer schmalen Treppe arbeitet ein Falschmünzer. Er nimmt das Gold, das einst eine Schatulle war, und überzieht damit falsche Geldstücke aus billigem Metall. Wenn er dabei erwischt wird, muss er hängen. Die falschen Münzen glänzen wie echte Sovereigns.

Im unteren Stockwerk des Hauses fertigt der Goldschmied aus dem übrigen Gold der Schatulle ein schönes Uhrgehäuse an. Ein reicher Student kauft die Uhr. Später aber, in einem kalten Winter, lässt er die Uhr in einer Taverne in Oxford zurück und der Wirt verkauft sie. Katherine versteckt ihren goldenen Ring, aber sie vergisst, wo.

Die falschen Münzen geraten in den Besitz des Kapitäns der Dragon, die an der London Bridge vor Anker liegt. Der Kapitän schließt sie in einer kleinen Truhe mit Eisenbeschlägen ein.

Ein Schiff! Ein Schiff!" Die Dragon segelt hinterher. Das schwer beladene spanische Handelsschiff, ist sehr langsam. Die Dragon kommt näher und feuert die Kanonen ab. Dann werden die Enterhaken geworfen. Mit Piken und Schwertern bewaffnet springen die Männer an Bord.
Die Spanier verteidigen tapfer ihr Schiff, doch sie werden besiegt.
Das Schiff hat eine wertvolle Fracht: Wein und Öl, Gewürze, Zucker, Seide und Teppiche, Porzellangeschirr und einen Beutel voller Perlen. Der Kapitän der Dragon schickt das erbeutete Schiff nach England. Königin Elisabeth und die Regierung werden jeweils einen Teil der Beute beanspruchen; trotzdem wird für den Kapitän und seine Mannschaft genügend übrig bleiben.

Die Dragon segelt weiter. Plötzlich verfärbt sich der Himmel in Unheil verkündendes Schwarzblau. Heftige Winde peitschen die Wellen auf, die sich über einem Riff brechen. Die Mannschaft springt von Bord und schwimmt um ihr Leben. Scharfe Korallen reißen ein Loch in den Rumpf der Dragon und sie sinkt.

In der Kapitänskajüte flitzen Fische über einer kleinen Truhe mit Eisenbeschlägen hin und her. Die falschen Münzen mit der dünnen Schicht aus dem Gold von Rosamundes Schatulle liegen auf dem Meeresboden, ganz in der Nähe einer tropischen Insel.

In einer großen Glaskugel hängt eine alte goldene Uhr an einem Band; man hört sie deutlich ticken. Robert Boyle führt Gäste in seinem Laboratorium in Oxford herum.
„Und nun das Experiment“, sagt Boyle. Sein Assistent beginnt die Luft aus der Glaskugel zu pumpen. Das Ticken der Uhr wird leiser … und leiser … bis die gesamte Luft herausgepumpt ist. Jetzt ist kein Ticken mehr zu hören. Die Zeiger der Uhr bewegen sich trotzdem.
Langsam strömt die Luft zurück in die Glaskugel. Das Ticken ist wieder zu hören und wird lauter.
„Dies, meine Herren“, sagt der Ehrenwerte Robert Boyle, „scheint zu beweisen, dass Luft für die Verbreitung des Schalls notwendig ist.“

Mr. Sadler, ein Ladenbesitzer aus Oxford, füllt seinen beeindruckenden Ballon mit Wasserstoffgas. Unter dem Ballon hängt eine Gondel in Form eines Bootes; sie ist mit Flügeln und Rudern ausgestattet. Mr. Sadler will der erste Engländer sein, der es schafft zu fliegen. Hoch oben in der Luft will er Experimente durchführen.
Mr. Sadler steigt in die Gondel. Die Leinen werden gelöst. Der Ballon schießt empor und steigt mit hoher Geschwindigkeit auf.
Eine aufgeregte Menschenmenge sieht zu und verrenkt sich die Hälse.
Ein junger Wissenschaftler hält eine schwere, altmodische goldene Uhr hoch. „Ein Mensch fliegt seit drei Minuten durch die Luft! Unglaublich!"
Hoch oben am Himmel ist der Ballon kaum noch zu erkennen.

Der junge Wissenschaftler reist nach Paris. Er verkauft seine schwere alte Uhr an einen Goldschmied und gibt das Geld aus, um sich zu amüsieren. In Paris kann man so viel unternehmen!
Der Goldschmied stellt ausgefallene Dinge für modebewusste Leute her. Das Gold des Uhrgehäuses wird zu einem kleinen eleganten Zahnstocherbehälter, auf dem Deckel mit der Gravur eines römischen Soldaten versehen und innen mit einem Spiegel ausgestattet. Ein königlicher Steuereintreiber kauft den Zahnstocherbehälter. Er reist zum Schloss von Versailles, um dem König seine Aufwartung zu machen.
Versailles ist voller Höflinge und schöner Damen. Der goldene Zahnstocherbehälter wird allerseits bewundert. „Ich möcht ihn!", sagt eine Gräfin. „Gewiss", antwortet der Steuereintreiber, „aber mir gefällt Euer Fächer sehr."

„Ihr könnt ihn haben“, sagt die Gräfin.
In diesem Augenblick betreten König Ludwig XVI. und Königin Marie-Antoinette den Saal. Versailles ist herrlich. Der König ist mächtig. Nie wird sich daran etwas ändern.
Und doch ändert sich alles. In Europa wüten Revolutionen und Kriege. Die Gräfin ist in großer Gefahr. Sie schenkt den goldenen Zahnstocherbehälter einem jungen englischen Offizier, der ihr das Leben rettet.

Zu Hause lässt sich der Offizier aus dem Zahnstocherbehälter fünf schöne Goldknöpfe für seine Weste anfertigen. Jedem, der die glänzenden Knöpfe bewundert, erzählt er, wie er eine französische Gräfin vor dem Tod bewahrt hat.

Der Offizier heiratet und wird dicker. Eines Abends beim Abendessen platzt ihm die Weste auf. Einer der Knöpfe fliegt in hohem Bogen durch die Luft und kullert über den Fußboden. Die Diener suchen ihn vergeblich.

Edward, der jüngste Sohn des Offiziers, will auswandern und sein Glück versuchen. In Australien ist Gold gefunden worden. Edward will zu den Goldfeldern aufbrechen und als reicher Mann zurückkehren.

Der alte Offizier schenkt Edward seine Weste mit den Goldknöpfen, die aus dem Zahnstocherbehälter der französischen Gräfin gefertigt sind. „Gold zieht Gold an", lacht er. „Sie mögen dir Glück bringen."

Edwards Familie begleitet ihn zum Bahnhof, um sich dort zu verabschieden. Sein Schiff – ein schneller, moderner Klipper – wird von Liverpool aus in See stechen. Edwards Truhen sind voll gestopft mit nützlichen Dingen, einer Matratze und Decken, Besteck und Geschirr, Haken für seine Kleidung, Blechbehälter für seine tägliche Wasserration, Limonensaft, um damit den abgestandenen Geschmack des Trinkwassers zu überdecken, und viel Kleidung zum Wechseln, denn er wird auf der Überfahrt nichts waschen können. Natürlich hat er auch alles dabei, was ein Goldgräber braucht: eine Spitzhacke und eine Schaufel, ein Zelt und schwere Stiefel. Auf der langen Überfahrt nach Australien werden ihm auf dem Schiff nur eine Koje, Essen und Wasser sowie etwas Platz für sein Gepäck zur Verfügung stehen.

Mit 725 Auswanderern ist das Schiff überfüllt. Trotzdem ist Edward glücklich. Er ist gerne auf See. In heißen Nächten schläft er auf Deck und bei Tagesanbruch wäscht er sein Gesicht mit Salzwasser. Auch hilft er den Matrosen die Segel zu setzen. Schließlich erreichen sie südliche Gewässer. Hier türmen sich die Wellen zu Bergen auf. Die Segel straffen sich im heulenden Wind. Das Schiff schwankt und schlingert. Die Teller rutschen über den Tisch, kostbare Besitztümer stürzen um und zerbrechen. Babys schreien; ihre Mütter sind seekrank. Auf einmal tauchen Eisberge auf. Die Leute weinen vor Angst und zittern im Schneeregen und in der plötzlichen Kälte. Aber Edward und ein paar andere junge Männer liefern sich eine Schneeballschlacht an Deck.

Edward fällt eine junge Frau auf, die ihn heimlich beobachtet. Er erzählt ihr die Geschichte von seinen goldenen Westenknöpfen und am Ende der langen Reise beschließen sie zu heiraten. So haben ihm die goldenen Knöpfe tatsächlich Glück gebracht.

Ein würziger, erdiger Geruch weht ihnen entgegen. Sie erkennen hohe Klippen, Sandstrände und seltsame graugrüne Bäume: Australien, endlich! Das erste Land seit 73 Tagen.

Jedermann ist verrückt nach Gold. Edward hat bei der Goldsuche kein Glück. Deshalb nimmt er eine Arbeit an und treibt eine Herde von zweitausend Schafen quer durch das Land. Seine junge Frau Louisa hat einen Bruder, der in San Francisco lebt. Sie überredet Edward nach Amerika auszuwandern.

In San Francisco beginnt Edward für eine Zeitung zu schreiben. Er und Louisa bauen ein Holzhaus und bekommen sieben Kinder.

Louisa faltet die Weste mit den Goldknöpfen, die Edward von seinem Vater geerbt hat, sorgfältig zusammen und verwahrt sie in einer Truhe. Sie legt die mit einem Band zusammengebundenen Briefe seiner Mutter dazu. Amerika ist jetzt ihr Zuhause. Bei jedem Umzug wird die Truhe mitgenommen und reist so durch ganz Amerika. Aus irgendeinem Grund wird sie nicht weggeworfen.
An einem Weihnachtsabend steigt die Ururenkelin von Louisa und Edward im Haus ihrer Großeltern auf den Dachboden. Sie stöbert herum und schaut sich alte Lieblingsspielzeuge an, verblichene Fotos, kaputte Stühle und eine alte Schreibmaschine. In einer Ecke findet sie die ramponierte Truhe und darin die mottenzerfressene Weste.

Sie schneidet einen der glänzenden Knöpfe ab und nimmt ihn mit zurück nach New York. Eine Freundin macht ihr daraus einen Anhänger. Sie läuft durch die Straßen von New York und ist glücklich. Der goldene Knopf glänzt in der Sonne.

Ein Knopf, der zu einem Satz Westenknöpfe gehört hatte, die aus dem Gold eines goldenen Zahnstocherbehälters gefertigt worden waren, der wiederum aus einem goldenen Uhrgehäuse hergestellt worden war, dessen Gold von einer goldenen Hochzeitsschatulle gestammt hatte. Die war aus dem Gold eines eingeschmolzenen Lotuskelches hergestellt worden, der aus dem Gold einer Maske geformt worden war, die das Gesicht eines toten Königs bedeckt hatte. Vor dreieinhalbtausend Jahren, im alten Ägypten.

Wo ist das Gold der Mumienmaske geblieben?

Der abgebrochene Fuß des Kelches liegt immer noch nahe dem Westufer des Rheins in der Erde. Die Wurzeln der Weinstöcke wachsen um den antiken Gegenstand herum.

Das in Brügge mit Gold verzierte kostbare Stundenbuch wird jetzt in einer Bibliothek aufbewahrt.

Der goldene Ring wurde bei Umbauarbeiten hinter der Holzvertäfelung des Zimmers entdeckt, in dem Katherine ihn versteckt hatte.

Die gefälschten Goldmünzen liegen in der Nähe von Jamaika unter einer dicken Schicht Schlick auf dem Meeresboden.

Der verloren gegangene Goldknopf von der alten Weste des Offiziers liegt noch immer unter den Dielen des Hauses in Windsor. Dorthin war er während eines Abendessens gerollt.

Drei der goldenen Westenknöpfe liegen in der Truhe auf einem Speicher in Boston.

Und der Goldknopf an der Kette?

Er ist nach wie vor unterwegs.

Diese Geschichte beruht zum großen Teil auf geschichtlichen Ereignissen und spielt an historischen Orten. Einige Personen sind erfunden, andere haben gelebt. Doch alles könnte sich genau so zugetragen haben.

Gold kam vor ungefähr fünf Milliarden Jahren durch die Explosion riesiger Sterne auf die Erde. Gold ist ein seltenes Metall. Jeweils zweitausend Tonnen Gestein der Erdkruste enthalten gerade einmal genug Gold für einen kleinen Ring.

In der Geschichte wurde das Gold vor ungefähr 3500 Jahren im Süden Ägyptens gewonnen. Der König ähnelt Thutmosis III., der von 1468 bis 1438 v.Chr. regierte. Wir wissen nicht sicher, ob Thutmosis III. eine goldene Mumienmaske hatte, weil sein Grab kurz nach der Beisetzung ausgeraubt wurde.

Das Grab in der Geschichte sieht ähnlich aus wie das von Thutmosis III., das heute noch im Tal der Könige in der Nähe von Luxor in Ägypten besichtigt werden kann. Die goldene Maske der Mumie von König Tutanchamun blieb erhalten und ist im Ägyptischen Museum in Kairo ausgestellt.

In der Geschichte wurde das Grab um 1400 v.Chr. ausgeraubt. Goldene Gegenstände wie der Lotuskelch wurden in Ägypten bei Tempelzeremonien verwendet. Ein feiner Lotuskelch aus blauer Fayence kann im Britischen Museum in London besichtigt werden.

Nero wurde 54 n.Chr. mit siebzehn Jahren Kaiser von Rom. Im Jahre 63 n.Chr. beschlagnahmten römische Soldaten in Ägypten kostbare Gegenstände. Viele altägyptische Tempel stehen noch heute. In Dendera gibt es einen Tempel mit verborgenen Nischen, ähnlich dem in unserer Geschichte.
In der Geschichte beschlagnahmten Neros Soldaten 63 n.Chr. den Kelch. Nero benutzte ihn im folgenden Jahr im achteckigen Zimmer seines neu erbauten Palasts Domus Aurea (Goldenes Haus) in Rom.

Nero wurde im Alter von dreißig Jahren getötet. Kaiser Titus feierte 80 n.Chr. die Eröffnung des Kolosseums hundert Tage lang mit einer Reihe von Veranstaltungen. Cornelius Fuscus war Befehlshaber der Prätorianer. Offiziere, die wie Fuscus in der Gunst des Kaisers standen, wurden bei den Feierlichkeiten beschenkt. Das Kolosseum kann man heute noch besichtigen.

Cornelius Fuscus führte 86 n.Chr. eine Armee von ungefähr 15.000 Soldaten über die Donau nach Dakien (im heutigen Rumänien) und fiel in der Schlacht. Darstellungen des Dakerkönigs Decebalus und seiner Armee sind Teil des Reliefs auf der Trajanssäule in Rom. In der Geschichte nahm der Sklave Fabrius den Lotuskelch nach Pannonien (im heutigen Ungarn) mit, das Nachbarland Dakiens. Der Kelch in der Geschichte geriet in den Besitz der Könige der Awaren, einem Nomadenvolk.

Karl der Große eroberte Ende des 8. Jahrhunderts das Reich der Awaren. Der Königspalast, bekannt als „Der Ring", wurde um 796 niedergebrannt; der Schatz wurde Karl dem Großen gebracht und kam vermutlich in seine Burg in Aachen. Karl der Große verteilte den Schatz an viele Günstlinge; trotzdem konnte man das Schicksal einiger Gegenstände aus dem Schatz nachvollziehen.

Unter der Erde liegen viele Schätze verborgen. Manchmal wurden sie vergraben, um sie vor dem Zugriff anderer zu retten; das war vor allem in Kriegen der Fall. Manchmal fielen sie nur irgendwo herunter oder gingen auf andere Weise verloren. In der Geschichte kam der Lotuskelch 1465 in einem Acker in der Nähe einer Burg am Westufer des Rheins (im heutigen Deutschland) wieder zum Vorschein.

Rosamundes Hochzeit fand in der Geschichte im Jahre 1468 statt. Den Ring und die Schatulle nahm sie mit zur Burg ihres Ehemannes. Nach ihrem Tode könnten die Gegenstände in der Schatzkammer der Burg aufbewahrt worden sein. Ringe, die so ähnlich aussehen wie der von Rosamunde, werden in Museen wie dem Victoria & Albert Museum in London ausgestellt.

Die Stadt Brügge (im heutigen Belgien) war ein berühmtes Zentrum für die Herstellung so genannter illuminierter (mit Malereien verzierter) Bücher, die heute in Bibliotheken, Museen und Kirchen in aller Welt aufbewahrt werden. Sicher sind auch viele illuminierte Bücher erhalten, die noch nicht entdeckt worden sind. In der Geschichte verzierte der Künstler Gerard das Stundenbuch im Jahre 1480.

Im August 1559 war Königin Elisabeth I. von England fünfundzwanzig Jahre alt. Sie hielt sich fünf Tage lang als Gast in Nonesuch Palace auf; Gastgeber war der Earl of Arundel, der ebenfalls um ihre Hand anhielt. Nonesuch Palace wurde im späten 17. Jahrhundert zerstört. In der Geschichte gelangten der Ring und die Schatulle in einer Truhe nach England, die der Gesandte eines weiteren Bewerbers um die Hand der Königin mitgebracht hatte, um aus ihr Geschenke und Bestechungsgaben zu verteilen. Sein Herr war ein deutscher Herzog und Nachfahre von Rosamunde.

In der Geschichte wurden die gefälschten Münzen und das goldene Uhrgehäuse 1559 hergestellt. Eine typische Methode der Münzfälscher bestand darin, einen Metallkern, der das korrekte Gewicht des Geldstücks hatte, mit einer Schicht Edelmetall zu überziehen. Die London Bridge, die mit hohen Häusern bebaut war, zwischen denen schmale Fahrwege verliefen, war bis zur Mitte des 18. Jahrhunderts die einzige Brücke in London, die über die Themse führte.

Im Verlauf des Krieges zwischen England und Spanien griffen zahlreiche englische Seefahrer spanische Schiffe an, wo immer sie diese auch antrafen. Auf dem Grund der Weltmeere liegen viele Wracks aus dieser Zeit. In der Geschichte sank das englische Freibeuterschiff mitsamt den gefälschten Münzen um 1586.

Das Experiment mit der Luftpumpe wurde vom Ehrenwerten Robert Boyle und seinem Assistenten Robert Hooke 1659 in Oxford durchgeführt. An Boyles Haus erinnert eine Tafel an der Wand des Oxforder University College. Mr. Sadlers Ballon stieg am 4. Oktober 1784 auf und flog mehrere Meilen weit, bevor er in einer Hecke landete. Am Oxforder Merton College wurde zur Erinnerung an diesen Flug ebenfalls eine Tafel angebracht.

In der Geschichte wurce das altmodische Uhrgehäuse 1785 in Paris in einen Zahnstocherbehälter umgearbeitet. Die Französische Revolution begann 1789. Heute ist das Schloss von Versailles bei Paris für Besucher geöffnet.
Der junge englische Offizier rettete die Gräfin 1812 in den Napoleonischen Kriegen und kehrte 1815 nach Kriegsende nach Hause zurück.

In Kalifornien wurde 1848 Gold entdeckt und Menschen aus aller Welt eilten dorthin. Goldfunde in Australien im Jahre 1851 führten zu einem weiteren Goldrausch. In den folgenden zehn Jahren trafen eine halbe Million Menschen in Australien ein, um ihr Glück zu versuchen. In der Geschichte verließ Edward 1854 England, um dem Ruf des Goldes zu folgen.

In der Geschichte reiste Edward an Bord eines der damals neuartigen, in Amerika gebauten Segelschiffe, die man Klipper nannte, von Liverpool in England nach Melbourne in Australien. Die Klipper segelten auf einer neuen Route, die sehr weit südlich lag, und brachen alle Geschwindigkeitsrekorde. Edward und Louisa verließen Australien 1857 und fuhren quer über den Pazifischen Ozean nach Kalifornien.

In der Geschichte geht die Ururenkelin von Edward und Louisa im ersten Jahr des 21. Jahrhunderts auf der Fifth Avenue in New York spazieren; dabei kommt sie auch am Empire State Building vorbei.

Worterklärungen

Einbalsamiert Mit duftenden Ölen und Harzen sowie besonderen Verfahren mumifiziert.
Entweihen Brutal und respektlos behandeln, zerstören.
Fayence Glasierte Keramik.
Freibeuter Schiffskapitäne, die mit offizieller Genehmigung ihrer Regierung in Kriegszeiten feindliche Schiffe überfielen und plünderten.
Gefälschte Münze Münze, die weniger wert ist, als sie vorgibt, weil sie z.B. nicht aus massivem Gold ist, sondern einen Kern aus billigem Metall hat.
Harz Dickflüssiger, klebriger Baumsaft.
Helium Ein sehr leichtes Gas.
Kelch Ein Trinkgefäß.
Klipper Ein schnelles Segelschiff.
Lotus Eine Seerosenart.
Mumienmaske Maske, die den Kopf einer Mumie bedeckt. Die Maske eines Pharaos besteht neben der eigentlichen Maske aus einem Kopfputz, einem Kragen und einem Bart. Der Bart ist das Kennzeichen eines Pharaos.
Obsidian Ein hartes, glasglattes und glänzendes Gestein.
Pergament Tierhaut, die durch besonderes Gerben so fein wie Papier ist und vor der Verbreitung des Papiers in Europa für Bücher, Briefe usw. verwendet wurde.
Quarz Ein hartes Mineral, das oft die Form farbloser oder heller Kristalle hat.
Sarkophag Ein Sarg aus Stein.
Sovereign Goldene englische Münze im Wert von 20 Shilling (1 Pfund).
Stundenbuch Eine Sammlung von Gebeten; sie wurden für eine bestimmte Person zusammengestellt und von dieser zu den verschiedenen Stunden des Tages gebetet.
Wasserstoff Ein Gas.

Die Deutsche Bibliothek – CIP-Einheitsaufnahme
Ein Titeldatensatz für diese Publikation ist bei
Der Deutschen Bibliothek erhältlich.

Aus dem Englischen von Cornelia Panzacchi
Die Originalausgabe erschien erstmals 2002 unter dem Titel
Gold – a treasure hunt through time bei Hodder Children's Books, London

Satz im Gerstenberg Verlag, Hildesheim
Printed in China
ISBN 3-8067-4966-3

02 03 04 05 06 5 4 3 2 1